CONFIANZA EN SÍ MISMO PARA LOS DIRECTIVOS

CONFIANZA EN SÍ MISMO PARA LOS DIRECTIVOS

Serie " Habilidades directivas para directivos "
Por: D.K. Hawkins
Versión 1.1 ~Septiembre 2021
Publicado por D.K. Hawkins en KDP
Copyright ©2021 por D.K. Hawkins. Todos los derechos reservados.

Ninguna parte de esta publicación puede ser reproducida, distribuida o transmitida en cualquier forma o por cualquier medio, incluyendo fotocopias, grabaciones u otros métodos electrónicos o mecánicos, o por cualquier sistema de almacenamiento o recuperación de información, sin el permiso previo por escrito de los editores, excepto en el caso de citas muy breves incorporadas en reseñas críticas y algunos otros usos no comerciales permitidos por la ley de derechos de autor.

Quedan reservados todos los derechos, incluido el de reproducción total o parcial en cualquier formato.

Toda la información contenida en este libro se ha investigado cuidadosamente y se ha comprobado su exactitud. Sin embargo, el autor y el editor no garantizan, expresa o implícitamente, que la información contenida en este libro sea apropiada para cada individuo, situación o propósito y no asumen ninguna responsabilidad por errores u omisiones.

El lector asume el riesgo y la plena responsabilidad de todas sus acciones. El autor no será responsable de ninguna pérdida o daño, ya sea consecuente, incidental, especial o de otro tipo, que pueda resultar de la información presentada en este libro.

Todas las imágenes son de uso gratuito o han sido adquiridas en sitios de fotografías de stock o libres de derechos para uso comercial. Para la elaboración de este libro me he basado en mis propias observaciones y en muchas fuentes diferentes, y he hecho todo lo posible por comprobar los hechos y dar el crédito que corresponde. Si se utiliza algún material sin la debida autorización, le ruego que se ponga en contacto conmigo para corregir el error.

La información proporcionada en este libro tiene únicamente fines informativos y no pretende ser una fuente de asesoramiento o análisis crediticio con respecto al material presentado. La información y/o los documentos contenidos en este libro no constituyen un asesoramiento legal o financiero y nunca deben utilizarse sin consultar primero con un profesional financiero para determinar qué puede ser lo mejor para sus necesidades individuales.

El editor y el autor no ofrecen ninguna garantía ni promesa sobre los resultados que puedan obtenerse al utilizar el contenido de este libro. Nunca debe tomar ninguna decisión de inversión sin consultar primero con su propio asesor financiero y realizar su propia investigación y diligencia debida. En la medida en que lo permita la ley, el editor y el autor declinan toda responsabilidad en caso de que la información, los comentarios, los análisis, las opiniones, los consejos y/o las recomendaciones contenidos en este libro resulten ser inexactos, incompletos o poco fiables, o den lugar a pérdidas de inversión o de otro tipo.

El contenido de este libro no pretende constituir ni constituye un asesoramiento jurídico o de inversión y no se establece ninguna relación abogado-cliente. El editor y el autor proporcionan este libro y su contenido "tal cual". El uso que usted haga de la información contenida en este libro es por su cuenta y riesgo.

ÍNDICE DE CONTENIDOS.

ÍNDICE DE CONTENIDOS. 4

INTRODUCCIÓN. 6

CAPÍTULO 1 11

    Confianza en sí mismo como directivo y en el lugar de trabajo. 11

CAPÍTULO 2 22

    Desarrollar una actitud de confianza como directivo. 22

CAPÍTULO 3 31

    Desarrollar la confianza en uno mismo y la inteligencia. 31

CAPÍTULO 4 37

    Desarrollar la confianza en sí mismo y las cualidades de liderazgo. 37

CAPÍTULO 5 42

    Ejercicios para aumentar la confianza en uno mismo.........42

CAPÍTULO 6 47

    Las habilidades de liderazgo contribuyen a la autoconfianza y la autoestima...47

CAPÍTULO 7 57

    Listas de poder de autoconfianza para un liderazgo fuerte.57

CAPÍTULO 8 63

    Pasos significativos hacia la autoconfianza. 63

CONCLUSIÓN. 69

INTRODUCCIÓN.

Como directivo, su autoestima y confianza pueden ser la diferencia entre ir por la vía rápida hacia el éxito o sentarse en el sidecar hacia ninguna parte.

Por muy buena que sea su formación, su educación formal o sus talentos tácticos, si no tiene confianza en sí mismo, carecerá de la capacidad de infundir confianza en los demás. Necesita ganarse la confianza de los demás para subir la escalera del éxito empresarial y de los negocios.

Ahora, ¡las buenas noticias! La confianza en uno mismo puede desarrollarse en cualquier área de interés. Aunque puede llevar tiempo, paciencia, práctica y conciencia, las personas desarrollan la confianza a diario. A menudo, no somos conscientes de que lo estamos haciendo.

El desarrollo de la confianza es similar al desarrollo muscular. Se empieza con cautela, dando pequeños pasos y esforzándose un poco más cada vez, hasta que se llega al destino final de completar una tarea determinada de forma competente.

Si le falta confianza en la gestión de personas, lo primero que debe hacer es anotar en qué aspectos se siente seguro y en cuáles no. Una vez que haya reconocido sus áreas de debilidad, escriba lo que le haría falta para sentirse seguro en esas áreas.

¿Necesitas formación adicional?

¿Necesitas más práctica?

¿Está esto realmente dentro de su conjunto de habilidades?

Una vez que haya determinado lo que necesita, puede crear una estrategia para comenzar a obtener las habilidades, las tareas o la práctica que cree que necesita. Al completar esta actividad, verás que hay pasos que puedes dar. Nada está perdido y no estás obligado a sufrir, tolerar o avergonzarte por ello.

Tener este conocimiento te ayudará a aumentar tu autoestima y confianza. Porque, en lugar de sentirte inadecuado sobre ti mismo y tus talentos, descubrirás que puedes mejorar tu rendimiento con tus nuevas y únicas herramientas.

Ahora, planifique cómo va a adquirir las nuevas habilidades y herramientas que necesita. Divida las cosas en trozos manejables para que el objetivo mayor no parezca abrumador. A continuación, cree un plan para completar cada etapa. Cada vez que des un paso, estarás fortaleciendo tu músculo de la confianza.

Mientras trabajas en el desarrollo de una confianza duradera en tus talentos, hay algunas formas sencillas de cambiar tu estado de ánimo, tu mentalidad y tus sentimientos internos de confianza.

Si estás trabajando en una presentación o proyecto, permítete tiempo extra para prepararte.

Comprender el contenido que vas a presentar o los detalles de un proyecto en el que estás trabajando aumenta inmediatamente tu autoestima, confianza y experiencia. Esto se manifestará en tus interacciones con tu equipo y tus jefes.

Concéntrate en tus progresos. Haz una lista de todas las cosas que has completado en el trabajo en los últimos 90 días, así como en el último año. Anota cada logro del que te sientas realmente orgulloso. Toma nota de cualquier comentario positivo o expresión de agradecimiento de tus compañeros de equipo o supervisores en relación con esos logros.

Anota también cualquier actividad en la que te hayas sentido insuficiente. Piensa en lo que podrías hacer, aprender o ajustar la próxima vez para obtener una respuesta favorable o propicia. Es beneficioso tener áreas en las que puedes mejorar. Te permite seguir creciendo y superándote.

Recuerda que la confianza es tu seguridad en tu potencial final para ejecutar una actividad específica. Por lo tanto, empieza a elevar gradualmente el listón para ti mismo. Inscríbete en un curso que te enseñe a realizar una nueva tarea relacionada con tu función profesional.

Pregunte por la posibilidad de servir de mentor profesional a alguien que necesite su experiencia. Todas estas acciones aumentarán tu confianza, demostrarán tus capacidades y te enseñarán nuevas habilidades. La verdadera realización de la vida comienza con el desarrollo de la autoestima y la confianza. Puedes crear la vida, la carrera y los sueños de tus sueños como directivo.

¿Estás preparado? Empecemos.

CAPÍTULO 1

Confianza en sí mismo como directivo y en el lugar de trabajo.

La autoconfianza ocupa la zona precaria entre la autoestima dañada y un ego arrogante - Su autoconfianza importa. Años de experiencia me han demostrado que las personas con éxito piensan que los actos, comportamientos y resultados positivos explícitos de las personas con las que han trabajado o de las que han sido testigos han aumentado considerablemente su autoconfianza.

Si esto es cierto, entonces tenemos la obligación como directivos de controlar nuestros niveles de autoconfianza y, lo que es más importante, de inspirar a los demás para que hagan lo mismo. Según mi experiencia, muchas personas carecen de la autoconfianza necesaria para tener una actitud exitosa.

De hecho, son mucho más delicadas de lo que podemos creer. Se trata de una actitud de "no puedo" en lugar de "puedo", y está tristemente arraigada por muchas más influencias negativas que positivas.

Yo diría que un sano sentido de la confianza en uno mismo es un componente necesario para el rendimiento y el éxito. La autoconfianza se define comúnmente como un estado mental en el que uno está seguro de sí mismo sobre cualquier pensamiento o situación actual. Podría caracterizarse como un estado mental emocional o una creencia en la propia capacidad de éxito.

Las personas que tienen confianza en sí mismas pueden ejercer el control sobre las condiciones o las circunstancias en lugar de dejarse gobernar por ellas. Como resultado, puede ayudar a aliviar la ansiedad o las preocupaciones injustificadas e indeseables. Y lo que es más importante, puede ayudar a crear expectativas claras de resultados favorables.

Propongo la siguiente reflexión: la confianza en uno mismo se adquiere. Tu confianza en ti mismo es única. Debes salvaguardarla y seguir construyéndola, incluso si eso significa tener una conversación cara a cara con tu reflejo en el espejo. Nunca prometería que no experimentará períodos de intensa presión, pero la capacidad de controlarla está dentro de usted.

De hecho, puede aprender a aprovechar su confianza en sí mismo para superar a los que le rodean. Creer en uno mismo le da ventaja sobre los que no pueden modelar esos mismos pensamientos positivos.

Esto significa que puedes sentirte en control en cualquier escenario, independientemente de quién esté a tu alrededor. Por supuesto, esto requiere que estés dispuesto a hacer todos los esfuerzos necesarios para llevar a cabo la tarea en cuestión.

Tu autoestima es la base del éxito personal y profesional. Nunca permitas que alguien te quite la confianza en ti mismo. Es tuya para atesorarla y apreciarla a perpetuidad, y sólo tú puedes permitir que la gente socave tu autoestima.

Los individuos existen en todos los niveles de una organización. Sólo las normas de la sociedad, la experiencia y el gobierno corporativo han conferido privilegios especiales a determinadas personas, como información privilegiada, títulos, despachos de esquina y prebendas para los ejecutivos.

Como resultado, algunos han obtenido una influencia real o percibida o una posición de autoridad o, más aún, han sido dotados de los conocimientos o el poder que usted o ellos creen que les da autoridad sobre usted. La realidad es que entraron en el mundo de forma idéntica y saldrán de forma idéntica - con un primer y último aliento.

Lo que los individuos han sido expuestos y han aprendido, y la forma en que deciden utilizar lo que han aprendido, determinará su posición ante los demás. De hecho, independientemente de la estatura, la función o el título, sé que he observado y experimentado tanto niveles altos como bajos de autoconfianza.

Tuve la oportunidad de desarrollar una relación personal con el presidente de la empresa al principio de mi carrera. En una ocasión, salí con él a navegar en canoa por un lago cercano a su residencia de verano. Intentaba ser bastante preciso en todos mis esfuerzos.

Mi conversación era rígida e incómoda, y consistía principalmente en "Sí señor, no señor, tres bolsas llenas señor". Me inclinó hacia el lago cuando nos acercamos al muelle y se bajó de la canoa. Con una agradable sonrisa, me ofreció su mano para ayudarme a salir del agua y me recordó despreocupadamente que él, como todo el mundo, disfrutaba divirtiéndose.

Nunca olvidaré esa lección; esa charla implantó en mí una sensación de confianza en mí mismo que duró el resto de mis años. Aprendí a relacionarme con personas mayores que yo. Aunque trato a los empleados con el respeto que merecen o se han ganado, la realidad es que son como tú y como yo.

Cada uno de nosotros merece y debe ganarse un nivel adecuado de respeto personal. Considera cómo tus interacciones y observaciones con los demás mientras estás en tu camino hacia el éxito pueden tener un impacto significativo en tu aprendizaje y en el desarrollo de tu confianza en ti mismo.

Gestionar hacia arriba.

Su mayor confianza en sí mismo será crucial a la hora de interactuar con personas de más edad. Pronto lo percibirán, se sentirán más cómodos a su alrededor y respetarán sus capacidades independientemente de las circunstancias. Es posible que los propios directivos tengan dudas o falta de conocimientos sobre algunos temas.

Como se preveía, no se puede esperar que los directivos sean especialistas en todos los campos. Su autoestima les permitirá depender continuamente de usted. Desarrollarán un aprecio por ti como resultado del valor que aportas al lugar de trabajo.

Puede notar que, a medida que crece su fe en usted, es probable que le deleguen más responsabilidades. Es posible que no siempre detecten o valoren con precisión tus habilidades o tu motivación personal para un determinado trabajo. En consecuencia, tendrás que comunicárselo para que terminen la tarea correctamente.

Gestionar es una habilidad importante que debes desarrollar cuando descubras tu verdadera seguridad y comprensión. Esta seguridad en ti mismo se manifestará en tu interior. De hecho, puede ser el factor decisivo de tu éxito.

Al mismo tiempo, puede posicionarte como un modelo a seguir para otros empleados que buscan avanzar en sus carreras.

Muchas veces he intentado dirigir o servir de entrenador a mis empleados. Por ejemplo, les he ofrecido indicaciones sobre cómo hacer las cosas mejor o les he sugerido alternativas que han funcionado eficazmente en casos similares anteriores.

Una de las formas más sencillas de proceder es preguntarles por sus sentimientos sobre cómo transcurrieron las cosas o cómo habrían hecho algo diferente. Ocasionalmente, saldría a preguntar si están abiertos a un enfoque diferente y les dejaría opciones atractivas entre las que elegir. Con el tiempo y el nivel adecuado de respeto, los líderes suelen buscarte, una experiencia tremendamente gratificante.

Gestionar a la baja.

Al interactuar con sus empleados, su confianza en sí mismo servirá de faro para su confianza inquebrantable en usted como directivo; a medida que aumente su confianza en un tema concreto, la de ellos también lo hará. Permita que decaiga, y usted será objeto de escrutinio.

Permita y anime a sus empleados a aportar ideas, sobre todo las que sean superiores a las suyas.

Anímelos a dar lo mejor de sí mismos y esté abierto a la posibilidad de que algunos acaben avanzando más rápido que usted.

Alentar este comportamiento enseña a los niños que ellos también pueden alcanzar más éxitos de los que jamás imaginaron. Además, te admirarán por promover este enfoque. No intente asumir o interpretar lo que los individuos quieren, ya que esto les cerrará el paso a un mundo que desconocen que existe.

Como directivo, es su responsabilidad fomentar un lugar de trabajo abierto y guiar la exploración del mundo a su alcance. ¿Qué ocurre como resultado? Usted tiene confianza en ellos, ellos tienen confianza en usted y ellos tienen confianza en sí mismos. Has generado una poderosa energía que catalizará su éxito y el tuyo!

Gestionar a través de.

Al dirigir a tus compañeros se aplican los mismos principios que ellos, tanto si dirigen hacia arriba como hacia abajo. Se le examinará y observará. El clima es a la vez colaborativo y competitivo, y el individuo con más confianza en sí mismo suele llegar más lejos que sus amigos.

Adquiera información o hechos, evalúe el problema de forma realista, cree objetivos aceptables para usted y para los demás y solicite la ayuda de personas que puedan influir favorablemente en el resultado.

Un equipo de liderazgo con confianza determinará la cultura de una organización, ¡una cultura de confianza en sí mismo! Se trata de una cultura que pregunta más que instruye y recompensa más que castiga.

Cuando aprendes a aceptar y utilizar tu nivel de confianza en ti mismo, puede ser un tremendo instrumento para impulsarte hacia tus objetivos personales y profesionales. Sin embargo, una advertencia: evita confundir el ego desenfrenado con la autoconfianza controlada o percibida en ti mismo y en los demás.

He descubierto de primera mano que la seguridad en sí mismo de un directivo debe desarrollarse de dos formas complementarias: manteniendo y reforzando la propia confianza y suscitándola en aquellos a los que dirige. El éxito del liderazgo a nivel directivo no debería estar determinado sólo por el líder, sino por la confianza de aquellos a los que debe rendir cuentas.

CAPÍTULO 2

Desarrollar una actitud de confianza como directivo.

¿Se ha dado cuenta de que los directivos con más éxito se comunican, piensan y se comportan de forma diferente a la suya? Alguna vez has visto a Oprah en su programa de televisión y has pensado: "¡Qué actitud tan maravillosa!". ¿Cómo voy a emularle?

¡Fantástica noticia! Tú también puedes ser como estas personas. ¿Cómo lo consigues? Cambiando tus opiniones y comportamientos. La gran noticia es que cada uno de nosotros puede cambiar, y podemos empezar a cambiar en cualquier momento, por ejemplo, AHORA MISMO.

La buena noticia es que es NUESTRA RESPONSABILIDAD. Nadie más nos lo impide. Por lo tanto, el ruido de descarga que escuchas ahora son todas nuestras justificaciones de "por qué las cosas son como son."

¿Cómo se cambian las percepciones?

Eso se logra a través de diferentes creencias distintas sobre ti mismo y tu situación. Esto requiere un esfuerzo intencionado al principio. Todas las tácticas comentadas en este CAPÍTULO tienen como objetivo aumentar la sensación de confianza en uno mismo como directivo.

El otro componente es el cambio de comportamiento. Si tus acciones actuales no han dado lugar al éxito que deseas. Sin embargo, usted define el éxito de forma personal y distintiva; debe actuar de forma diferente. Como dijo Albert Einstein, "la locura es repetir la misma acción y esperar un resultado diferente".

Un nuevo tú surge cuando se combinan diversas actitudes y acciones: más poderoso, más tranquilo y más amoroso. Además, tus opiniones y comportamientos están inextricablemente unidos. Una vez que uno de ellos cambie, el otro le seguirá.

Hay una fuerza considerable en la acción. El éxito y todas las sensaciones que lo acompañan le seguirán si realiza las acciones adecuadas. A medida que desarrolle una mentalidad más segura de sí mismo, se sentirá continuamente imparable, lo que le motivará a la acción porque entiende lo que debe hacer y confía en su capacidad para hacerlo.

Tanto si empiezas por centrarte en las actitudes como en las acciones, al final te encontrarás en un camino que incluye el establecimiento de una mentalidad de éxito y formas de actuar eficaces. Todo ello -las actitudes y los talentos- acaba por absorberse y desarrollar una nueva forma de ser. Es muy sencillo.

He aquí algunas estrategias que te ayudarán a desarrollar una mentalidad de éxito y confianza en ti mismo.

Durante una semana, comience cada día de trabajo con uno de los tres enfoques mencionados anteriormente. Antes de hacer cualquier otra cosa, léase su relato del PORQUÉ o cierre los ojos e imagínese como el rey o cierre los ojos e imagine cómo afrontaría el día su héroe.

Si no estás seguro de cómo afrontar el día o te sientes decaído, tómate un descanso y experimenta con otra estrategia.

1. Construye tu propia narrativa del PORQUÉ.

Recuérdate a ti mismo por qué es el concepto correcto (por ejemplo, ser un líder de equipo o perseguir un gran objetivo de la empresa), por qué eres la persona adecuada para ejecutarlo y por qué ahora es el momento ideal. Vuelve a contarte esa narración a ti mismo repetidas veces. Si te gusta escuchar el conocimiento, grábate contando la narración y escúchala siempre que lo necesites.

Recordarte a ti mismo tu relato te ayuda a desarrollar la confianza en ti mismo, ya que a menudo nos centramos en las desconexiones o defectos de nuestras narraciones. "Empecé a estudiar empresariales en la universidad, pero nunca me gustaron especialmente. Acepté un trabajo en ventas, pero desprecié a mi supervisor y la forma en que nos presionaba para vender. Ahora estoy intentando la venta directa, ¡y quién sabe si tendrá éxito!"

En tu historia, busca tus habilidades y deseos genuinos. A continuación, observa las distintas formas en que se han manifestado a lo largo de tu vida. Puede que siempre hayas tenido una habilidad natural para ayudar a los demás, tranquilizarlos o educarlos. Puede que destaques en la moda y el diseño, en la tecnología o en la creación de un hogar encantador.

A mí me recuerda mi combinación única de cualidades (como la tenacidad y la pasión por aprender) y experiencias (como la fundación de dos empresas y su crecimiento hasta alcanzar más de un millón de dólares de ingresos) y cómo me han moldeado y dotado de un don que ahora comparto con los demás.

2. Visualiza al rey.

Considera que eres el monarca compasivo y absoluto del reino. Los individuos te adoran y admiran. Posees una autoridad total, como lo demuestran la corona que llevas y el bastón de oro que empuñas.

Considera que te pones la corona, sostienes el bastón, te acercas al trono y tomas asiento. A continuación, un alto funcionario entra para hacerte la pregunta que has estado pensando. ¿Cuáles son tus sentimientos?

¿Cuál es su respuesta?

3. ¿Qué haría tu héroe en esta situación?

Elige a alguien que admires mucho: Oprah, el director general de tu empresa, tu modelo espiritual. ¿Qué harían ellos si estuvieran en tu lugar? Es extraño que a menudo no sepas qué hacer, pero sabrás qué haría tu héroe!

4. Reunir un sistema de apoyo.

Alecia Huck, una oradora motivacional, añade una arruga a esto. Ha condicionado a sus amigas para que, cuando llame de mal humor, empiecen a recordarle al instante lo maravillosa que es, y siempre es efectivo porque les ha proporcionado el guion a seguir.

En general, sus empleados entenderán lo preparado que está para la tarea que tiene entre manos. Pueden servir de recordatorio de que está haciendo lo correcto, haciéndolo bien y marcando la diferencia.

Una advertencia importante al contratar a familiares y amigos: hay que evitar a los detractores. Cuando cambias tu vida, otras personas pueden sentirse intimidadas, ya sea porque temen que se rompa su relación actual contigo o porque están proyectando sus ansiedades en ti. Lamentablemente, algunos miembros de tu familia pueden ser escépticos.

Si no pueden ayudarte, al menos deben ser imparciales. Si no pueden ser neutrales, es posible que tengas que evitar hablar del tema por completo.

5. Actuar.

Recuerda que la actitud y el comportamiento están inextricablemente unidos; uno influye en el otro. Sea cual sea tu estado de ánimo actual, te sentirás mejor después de pasar a la acción. Soy un firme creyente en la eficacia de una perspectiva optimista, y de vez en cuando, no está presente.

En esos momentos, independientemente de cómo te sientas, tienes que dar el siguiente paso y el siguiente. Después de pasar a la acción (y alejarte del trabajo, llamar a un amigo, tomar una copa de vino y dormir bien), tendrás una nueva perspectiva.

Una parte importante de tu éxito vendrá determinada por tu capacidad para gestionar tus actitudes. La confianza en ti mismo combinada con la acción te llevará muy lejos en el camino del éxito.

Cuando llegue el año que viene, podrás celebrar tus logros recientes, exudar confianza y comodidad, y ponerte un par de zapatos fabulosos. Puedes empezar tu viaje inmediatamente.

El primer paso es sencillo: todo lo que tiene que hacer es pensar de forma diferente y comportarse de forma diferente. Todo depende de ti y de tu mentalidad.

Despertar.

Utilice uno de los tres primeros procedimientos diariamente durante los siete días siguientes. Al final de la semana, evalúe si estos enfoques han mejorado su capacidad para desenvolverse en el día. ¿Ha ganado confianza en sus interacciones con los demás? ¿Fue fácil elegir un punto de atención?

CAPÍTULO 3

Desarrollar la confianza en uno mismo y la inteligencia.

La guía de tu mente inconsciente, que genera tus sueños, te ayudará a desarrollar tu confianza en ti mismo y tu sabiduría como gestor. Aprenderás a no cometer errores y a hacer siempre lo necesario para conseguir logros en la vida.

La evolución de tu personalidad determinará tu autoestima. Tu metamorfosis psicológica vendrá determinada por los conocimientos adquiridos a través del aprendizaje inconsciente. Estos cursos te enseñarán a gestionar tu comportamiento. Actúa siempre después de considerar todas las opciones disponibles en cada situación.

Tu visión te ayudará a desarrollar la confianza en tus capacidades. Podrás prever el futuro e identificar cualquier amenaza potencial, error u otros aspectos negativos que puedan dar lugar a problemas futuros. De este modo, podrás remediar cualquier error y preparar el terreno para los resultados futuros positivos que deseas.

Este potencial aumentará tu sensación de seguridad y te proporcionará el valor necesario para afrontar las dificultades de la vida. Creerá sinceramente que puede resolver todos los problemas, superando todos los obstáculos y triunfando finalmente.

Sólo cuando crees en tu fuerza interior puedes desarrollar la confianza en ti mismo. Sin embargo, para creer en tu fuerza interior, debes erradicar las nociones erróneas y las irregularidades de comportamiento que te impiden sentirte fuerte.

He simplificado el enfoque de la interpretación de los sueños de Carl Jung para ti, pero han sido necesarias dos décadas para llevar a la práctica innumerables sueños y curar a muchos pacientes mediante la terapia de los sueños. Eres afortunado porque, como resultado de mis descubrimientos, pude simplificar el lenguaje de los sueños y el proceso de transformación a través de la terapia onírica.

Carl Jung no pudo ver la totalidad del contenido de la psique humana, ya que detuvo sus estudios en un punto concreto, admitiendo su ignorancia a partir de ese momento. Yo continué su investigación, revelando lo que él no podía ver con su limitada comprensión.

Como resultado, voy a afirmar claramente que has heredado una ridícula conciencia salvaje que desea destruir tu conciencia humana a través de la locura y ejercer el control sobre tus acciones.

Todos tus sueños son esencialmente un mecanismo de defensa contra tu conciencia primitiva, la anticonciencia, que es responsable de desarrollar enfermedades mentales dentro de tu conciencia humana.

Los nativos americanos y muchas personas relacionadas con las civilizaciones antiguas solían considerar la interpretación de los sueños como algo sagrado. Sin embargo, muchas sociedades bárbaras equipadas con formidables armas y ejércitos lograron destruir sociedades pacíficas que enfatizaban el significado de los sueños y la vida.

Hoy en día, la mayoría de la gente cree que los sueños no tienen sentido o que son el reflejo de nuestras emociones y preocupaciones. Esta impresión es totalmente falsa. Los descubrimientos de Carl Jung sobre el significado de los sueños y mis descubrimientos debidos a la continuación de su investigación han puesto fin a todas las nociones preconcebidas sobre el significado y la importancia de los sueños.

Desgraciadamente, la espantosa competencia que caracteriza a nuestra civilización contemporánea, violenta y basada en la codicia, impide a la gente encontrar la salvación. Muchos descubrimientos científicos importantes siguen siendo ignorados por el mundo porque muchos científicos prominentes, mercadólogos y otros profesionales temen perder sus privilegios.

A estos especialistas no les preocupa evitar la miseria mundial sólo porque se han descubierto nuevas soluciones beneficiosas. Prefieren evitar que la humanidad descubra la verdad para mantener su posición social. En consecuencia, hacen un esfuerzo considerable para superar a sus oponentes.

Por eso, hasta hoy, el mundo ha pasado por alto en gran medida los sorprendentes descubrimientos del psiquiatra Carl Jung, aunque su método de interpretación de los sueños es tan beneficioso que debe enseñarse en las escuelas.

Los nativos americanos y muchas civilizaciones antiguas que veían los sueños como algo sagrado tenían toda la razón. Los sueños son importantes porque transmiten mensajes inestimables de la mente inteligente inconsciente. La mente inconsciente es de origen divino; funciona de forma similar a un médico natural muy generoso.

Debes comenzar a desarrollar tu confianza en ti mismo erradicando los impedimentos a tu progreso. Luego debes cultivar tu inteligencia. Tu transformación psicológica y tu salud conductual se traducirán en una mayor confianza en ti mismo.

Por eso siempre definirá tu personalidad; no se desvanecerá por las luchas de la vida. Tu confianza en ti mismo siempre estará presente, ayudándote a triunfar y brillar siempre.

CAPÍTULO 4

Desarrollar la confianza en sí mismo y las cualidades de liderazgo.

Desarrolle su confianza en sí mismo si quiere avanzar como directivo en su organización, ya que es una de las características de liderazgo más importantes. En este CAPÍTULO, hablo de consejos que pueden ayudar a cualquier persona a mejorar su comportamiento de liderazgo a nivel directivo.

Si no tienes confianza en ti mismo, te resultará difícil conseguir un puesto de liderazgo. Para empezar, debes entender que los atributos de liderazgo se basan en el comportamiento.

Todos los directivos destacados se ganan la confianza y la admiración de las personas con las que entran en contacto. Por otro lado, los directivos eficaces confían más en sus habilidades que en su liderazgo. Los directivos dan más importancia a la organización de la comunicación y a la programación que los verdaderos líderes.

No crean que esas habilidades son características de liderazgo sin importancia, ya que son esenciales en el liderazgo. Sin embargo, la verdadera conducta de liderazgo depende mucho más de la personalidad que de las habilidades directivas básicas.

Algunos individuos desarrollan naturalmente características de liderazgo como resultado de la educación positiva que recibieron. Sin embargo, la persona media de la calle no aspira a ser un líder y, por tanto, no requiere la confianza en sí mismo que exige un verdadero líder.

Construir la autoconfianza.

Su estilo de liderazgo está determinado por características de personalidad como:

Humildad, Integridad, Honestidad, Sinceridad, Compromiso, Sabiduría, Valor, Compasión, Confianza en sí mismo, Actitud optimista, Sensibilidad, Determinación y Pasión por sus esfuerzos. Además, si desea ser un líder en su empresa, primero debe cultivar un comportamiento de liderazgo en su pensamiento.

Vestirse para el éxito es una regla general.

Tanto si eres hombre como mujer, tu ropa dice mucho de ti. Por lo tanto, debes gastar dinero en ropa para ganar dinero como líder.

Este consejo sobre la apariencia externa es una de las formas más sencillas de crear todos los rasgos de liderazgo. No se trata principalmente de la conducta de liderazgo, que no es física; en cambio, es espiritual. Se puede robar la ropa de un líder, pero no su conducta de liderazgo.

Señores, deberían aprender a anudar sus propias corbatas. Las corbatas de clip son odiosas. Nunca sabes cuándo vas a tener que desatar tu corbata. Considera el siguiente escenario: estás en una larga reunión de negocios. Además, una corbata anudada a mano queda muy bien.

Señoras, un peluquero puede suponer una gran diferencia en su aspecto y sensación. Considera la posibilidad de hacerte un nuevo corte de pelo y vestirte para triunfar. Te sentirás mejor contigo misma y ganarás confianza.

Considere la posibilidad de inscribirse en un curso de oratoria.

Comenzaré centrándome en la primera habilidad de liderazgo conductual que trataré, la oratoria. Aunque usted sea el empleado más cualificado de la organización para dirigir la conversación, tener experiencia en hablar en público, que se puede obtener en la universidad, puede ayudarle a situarse cómodamente frente a un público.

Hablar en público es una habilidad que se puede perfeccionar. Los conceptos orientativos y los métodos eficaces para hablar en público, que puedes aprender en una escuela de oratoria, pueden ayudarte a mejorar tu conducta de liderazgo y a aumentar tu confianza.

Toma una clase de comunicación oral lo antes posible. Elige una que se centre en la oratoria, ya que puede ayudarte a vencer tu miedo a hablar en público. Puede ayudarte a desarrollar la confianza en ti mismo y darte la certeza de que la gente escuchará realmente tu mensaje en lugar de evaluar tu estilo de hablar cuando presentes un discurso.

Asuma que ya tiene confianza en sí mismo.

No hace falta ser actor para empezar, y si eres muy inseguro, puedes incluso empezar actuando en privado. Te ayudará a desarrollar la confianza en ti mismo.

Puedes desarrollar la confianza en ti mismo que eres capaz de crear, pero debes trabajar en ello. Puedes superar las inseguridades que están enterradas en lo más profundo de tu subconsciente y que pueden estar impidiendo que alcances todo tu potencial.

CAPÍTULO 5

Ejercicios para aumentar la confianza en uno mismo.

La confianza en uno mismo es creer en lo que se puede lograr. A veces se intercambia con la autoestima; sin embargo, son muy diferentes entre sí.

Careces de confianza en ti mismo si dudas a menudo de tu talento. Si tienes problemas para desarrollar la confianza en ti mismo, quizá debas intentar practicar algunas actividades para aumentar la confianza.

Los ejercicios de dos minutos para aumentar la confianza en sí mismo.

El tiempo no es un obstáculo para aumentar la confianza en uno mismo. Si a menudo estás ocupado con cosas, puedes intentar los ejercicios de dos minutos para aumentar la confianza:

Ponte frente al espejo e imagina tu reflejo como una persona diferente. Imagina que vas a interactuar con esa persona.

Concéntrate e intenta mantener la cabeza inmóvil. Una estrategia de visualización de Tai Chi puede ser de buena ayuda para esto. Consiste en imaginar que una cuerda cuelga de tu cabeza. Mantener la cabeza nivelada es importante durante este ejercicio. Con la cabeza y el cuello ajustados, estarás libre de tensión y estrés.

Empieza a convencerte de que eres un modelo de confianza. Es posible que tenga que volver a centrar su atención en su estado deseado. Por ejemplo, suponga que es un estudiante de medicina. Considérese un médico.

Respire profundamente de vez en cuando mientras se mira al espejo. Piensa que tu habitación está bien ventilada y que estás rodeado de mucho aire fresco: saboréalo. Al inhalar y exhalar, permítase sentir que el aire fresco llena todo su sistema.

Vacíe su mente de pensamientos estresantes durante este procedimiento y convénzase de que cada vez que exhala, también está dejando ir esos pensamientos. Notará que el aire impregna cada célula de su cuerpo y que cualquier sensación de ansiedad desaparecerá, sustituida por una sensación de tranquilidad.

Esta observación puede serte de ayuda: "¡Soy capaz de lograrlo! Todo se acomodará finalmente a mi favor". No es necesario que repita la afirmación; en su lugar, puede decirse a sí mismo cualquier cosa positiva.

El positivismo es una de las claves de una existencia satisfactoria. Un pensamiento positivo es poderoso, y su importancia no puede ser exagerada. Práctica de minutos positivos para aumentar la confianza

Puedes hacerlo siempre que necesites un impulso de confianza. Si eres una persona ocupada, puedes incorporarlo a tu rutina diaria, preferiblemente antes de salir de casa, para recuperar las energías agradables.

Actividades adicionales de fomento de la confianza.

Cada uno de nosotros había tenido días en los que el globo terráqueo no parecía girar como debía, y la tormenta no parecía disminuir. Aparte de la práctica de dos minutos para aumentar la confianza, hay otras formas de mejorarla. He aquí algunos ejemplos:

Encuentra una actividad física que te guste. El ejercicio, ya sea aeróbico, de estiramiento, de jogging o de ciclismo, es una forma de aumentar tu confianza. Supongamos que te sientes deprimido; reserva al menos 15 minutos para resolver tus problemas. El ejercicio regular te ayuda a dormir mejor y relaja los músculos agarrotados. Se ha demostrado que alivia los síntomas del estrés y la ansiedad. En consecuencia, el ejercicio no sólo mejora su aspecto, sino también su estado de ánimo.

Además de hacer ejercicio, puedes practicar algún deporte. Ya sea el voleibol, el baloncesto, el béisbol o el fútbol, participar en un deporte es uno de los innumerables ejercicios de fomento de la confianza que puedes hacer. Un deporte es una forma excelente de mejorar la confianza, ya que golpear o lanzar la pelota alivia el estrés.

Cuida de ti mismo. Es aceptable gastar una pequeña parte de tu dinero en ti mismo. Aunque es esencial estirar el dinero, debes permitirte disfrutar del lujo, aunque sólo sea por un día.

¡Esencialmente cualquier cosa! Puedes comprarte ropa nueva, libros o artilugios. Si no le interesan las posesiones materiales, puede cenar en su restaurante favorito o ver una película.

Sólo se le muestra la ruta; el resto depende de usted. Si pasas a la acción, descubrirás que todo es manejable. Si lo das por hecho, te encontrarás en desventaja.

CAPÍTULO 6

Las habilidades de liderazgo contribuyen a la autoconfianza y la autoestima.

El éxito empresarial depende a menudo de la forma en que se utilicen eficazmente las capacidades de liderazgo como directivo. Esta columna de consejos tiene varias recomendaciones destinadas a ayudarle a desarrollar la confianza en sí mismo y la estima.

Emplear las cualidades de liderazgo en el lugar de trabajo puede ayudarle a obtener incentivos económicos de su empleador. El éxito promocional depende de ello, así como el éxito financiero de su empresa.

La capacidad de liderazgo se caracteriza por la acción. En otras palabras, no se trata de una competencia de gestión en el sentido tradicional de organizar, programar y similares. Por otro lado, las habilidades de liderazgo son las que utilizas para ganarte la confianza, el respeto y la admiración de los demás que te admiran, pero las habilidades directivas también son necesarias.

Desarrollar la autoestima y la confianza, ambas son habilidades de liderazgo esenciales. Muchas personas creen que el aplomo es un objetivo imposible. Dentro de un momento, hablaré de cómo poner en práctica las prácticas de superación personal y fomento de la confianza que me ayudaron a mí; pero antes, permítanme que les cuente una historia real.

Experimenté traumas en mi infancia que afectaron a mi rendimiento y a mi capacidad para conseguir trabajo. Como resultado de mis miedos, nunca tuve la oportunidad de desarrollarme como líder de ninguna organización.

Me crié sin padres y mis tutores me torturaron y descuidaron; dejé el orfanato donde me crié desde los cinco años hasta que me gradué en el instituto con importantes heridas emocionales.

Escondí esos terribles recuerdos de mi mente consciente; pero, mi subconsciente socavó mi memoria consciente, destrozando mi ambición de tener una vida útil. Sin embargo, descubrí una estrategia para desarrollar la confianza en uno mismo y la autoestima; este método me ayudó a alcanzar el éxito financiero en mi vida.

Conseguí el autocontrol necesario para el éxito en las ventas. Entonces me ofrecieron el puesto de director de ventas de distrito para Oregón y el sur de Washington. Desarrollé un sentido inalterable de autoestima y confianza, que son habilidades de liderazgo esenciales.

Establecer objetivos.

Crea objetivos de autoconfianza y autoestima para ti mismo. Te ayudará a creer en ti mismo. Desarrollar la confianza en uno mismo y la autoestima, ya que es mucho más fácil de lo que crees.

Concrete sus objetivos.

Cuantifique sus logros financieros. Cuando desarrolle sus estrategias de fomento de la confianza, cree un plan de acción para poder hacer un seguimiento de su progreso hacia cualquier objetivo concreto. Le resultará mucho más sencillo aumentar la confianza en sí mismo, y ganará confianza una vez que haya logrado un par de sus pequeños objetivos, que deberían ser muy sencillos de alcanzar.

Haz que tus objetivos sean graduales.

Reconoce y comprende que no puedes llegar a ser presidente de ninguna organización de la noche a la mañana, a menos que tu padre sea el dueño de la empresa. Lo único que hace falta es esperar a que se jubile. Sin embargo, si tu mapa del futuro ya está grabado en la roca, es poco probable que estés leyendo este post.

Establecer objetivos menores facilita el desarrollo de la confianza en uno mismo. Su objetivo inicial puede ser facilitar una reunión de departamento mediante la realización de una presentación. Irás ganando confianza a medida que vayas cumpliendo cada uno de tus objetivos menores.

Mantener el contacto visual con los demás al conversar.

Otra habilidad interpersonal esencial que le ayudará a desarrollar la confianza en sí mismo y la autoestima es mantener el contacto visual con la persona con la que está conversando. La capacidad de facilitar el diálogo es un importante atributo de liderazgo.

Cuando converse con otra persona, tómese el tiempo necesario para escucharla.

Recuerde lo que estoy diciendo: el diálogo es una calle de doble sentido. Por lo tanto, tenga en cuenta esta cita.

Sea un oyente atento. Deja que la persona con la que estás conversando tenga el tiempo suficiente para expresar sus pensamientos. Al escuchar, cultivarás un aura de calidez. Tu compañía gustará a los demás y ganarás en popularidad gracias a la adquisición de esta importante habilidad interpersonal. El resultado final de perfeccionar tus habilidades interpersonales será un aumento de tu confianza en ti mismo.

Muchas personas se sienten extremadamente vulnerables, creyendo que nunca serán excelentes en nada. Este tipo de autoestima deficiente se traducirá inevitablemente en una pérdida de confianza en todo lo que haga a lo largo de su vida.

Considere lo siguiente: Si nunca has intentado algo, nunca podrás afirmar que vas a fracasar. Por ejemplo, tu jefe te sugiere que supervises un equipo, pero tienes miedo de arruinarlo. Es muy probable que este tipo de miedo impida que una persona acepte el trabajo.

Sin embargo, si tienes confianza en ti mismo, no dudarás en cambiar y aceptarás de buen grado esa tarea. La falta de confianza en ti mismo podría tener un efecto perjudicial en tu progreso laboral.

Motívate.

Ya sea para una demostración, una entrevista de trabajo o cualquier otra cosa, demuéstrate a ti mismo que eres capaz. Anímate a diario y pronto notarás que tu confianza en ti mismo aumenta.

Una forma sencilla de animarse a sí mismo es llevar una lista continua de al menos cinco cosas que haya hecho bien ese día. Esta práctica en particular apoya tu creencia inquebrantable de que eres capaz de lograr cualquier cosa que te propongas.

Háblele a uno mismo de forma positiva.

Utiliza la autoconversación optimista como medio para desplazar las malas nociones que están obstruyendo tu mente. Cada vez que te sientas tentado por el pesimismo, recuérdate a ti mismo que debes hacer una "pausa" y sustituirlas todas por otras positivas.

Si notas que te esfuerzas por alcanzar la perfección, anímate a hacerlo lo mejor posible. Por ejemplo, si tu mente se llena de pensamientos deprimentes, sustitúyelos por recuerdos felices. Esto tiende a hacerte mucho más indulgente contigo mismo; al mismo tiempo, sigue esforzándote por mejorar.

Una técnica excelente para superar el pesimismo es simplemente leer y escuchar cosas optimistas. Leer y escuchar artículos positivos y afirmativos puede, sin duda, ayudarte a desarrollar tus capacidades y habilidades de autoconfianza.

Lee y escucha historias sobre personas prósperas. Te darás cuenta de que la mayoría de estas personas se enfrentaron a circunstancias difíciles; se encontraron con muchos problemas y obstáculos en la vida diaria, pero superaron estos obstáculos y llegaron a tener éxito en sus esfuerzos. Este método, sin duda, dará sus frutos a largo plazo, ya que se convierten en fuentes de conciencia esperanzadora en tu mente.

Visualice su éxito a largo plazo.

Visualiza a menudo que te alegras del éxito. Sienta el auténtico deleite, la expectación, la adrenalina y el zumbido asociados al éxito. Para aumentar su optimismo, visualícese como un hombre o una mujer seguros de sí mismos. Considere la posibilidad de enfrentarse a un reto y triunfar sobre él con serenidad y confianza.

Utilice sus cinco facultades sensoriales para crear una imagen intensa y realista en su mente. Suponga que está a punto de dar su concierto de piano y que tiene problemas para relajarse.

Considera que te diriges con valentía al piano en el escenario. Imagínate tocando con total seguridad y placer. Considera que la gente aplaude y grita "¡Otra vez!". Disfruta de la vista, el olor y el sabor del éxito. ¿No es energizante?

Reconozca sus logros.

Reconózcase a sí mismo por cualquier esfuerzo que realice. En lugar de centrarse exclusivamente en el éxito, como resultado, haga hincapié en todo el proceso de consecución, en los esfuerzos valientes y directos realizados.

Felicítese y prémiese cada vez que haga algo que le haga feliz. Permítase un descanso visitando un restaurante, un balneario decente o tomándose el resto del día libre.

Cultive estas sensaciones recordando logros anteriores. En su diario, anote los casos en los que se siente realmente encantado. Puede tratarse de una ocasión o actuación por la que hayas sentido tanto agradecimiento como una gran sensación de logro.

Consuélate con esos recuerdos y saca fuerzas de ellos. Declara en voz alta: "Si fui capaz de lograr esto en el pasado, estoy seguro de que puedo lograr más en el presente y en el futuro".

Utiliza tus habilidades de liderazgo porque pueden ayudarte a conseguir el éxito en todas tus actividades. Además, puede allanar el camino hacia el éxito en el liderazgo.

CAPÍTULO 7

Listas de poder de autoconfianza para un liderazgo fuerte.

La mayoría de los directivos subestiman sus capacidades. Porque los errores, los déficits y los fracasos suelen empañar la tarea de motivar a las personas para que den lo mejor de sí mismas

Una vez conocí a una mujer que tenía un máster en inglés por una prestigiosa universidad. Adoraba las novelas y la poesía, y conversábamos regularmente sobre ellas. A menudo expresaba su deseo de publicar una novela algún día. La insté a que empezara a escribir una narrativa algún día.

Para mi asombro, se mostró reservada, afirmando que no estaba dispuesta a intentarlo. Su actitud me dejó perplejo, ya que era una estudiante de literatura y una persona reflexiva y perspicaz. Había visto muestras de su trabajo. Era bastante exquisito, mucho más que el ordinario. Ella se creía incapaz de hacerlo. Por ello, nunca lo hizo.

Por el contrario, nuestra organización contrató anteriormente a un joven programador informático que insistió en que nuestra aplicación basada en la web recién desarrollada requería un sistema de gestión de contenidos.

Era consciente de que carecía de experiencia en este tipo de programación. Aun así, dijo que podía diseñar un sistema de gestión de contenidos genérico y personalizable que se convertiría en un producto independiente.

En consecuencia, le asignamos el proyecto. Cometió muchos errores a lo largo del camino, pero fue increíble verle crecer y, al final, realizó lo que dijo que haría, a pesar de que nunca había hecho nada similar.

La distinción entre estos dos individuos es la confianza en sí mismo, la creencia en la capacidad de uno para completar una tarea difícil.

Así que, ¿a quién apoyarías para que tuviera éxito?

¿El individuo excepcionalmente dotado que se cree incapaz? ¿O el individuo que carece de experiencia pero confía en que puede?

Crea que puede o que no puede. En cualquiera de los dos casos, demostrará que está en lo cierto.

Cuando se enfrenta a las dificultades del liderazgo, es natural que dude de sí mismo. Usted es consciente de sus puntos fuertes y ha logrado muchos objetivos a lo largo de su vida. Sin embargo, es consciente de que no puede destacar en todo. Puede creer que es una imprudencia no tener en cuenta sus limitaciones.

No se infravalore. Tienes una mente creativa. Posees vitalidad. Puedes construir sobre lo que sabes, adquiriendo conocimientos en el camino. Puedes trabajar con diligencia y negarte a abandonar. Como dijo el poeta alemán Goethe: "Empieza todo lo que puedas lograr o imaginar; la audacia contiene brillo, fuerza y magia".

Crea las tres listas de poder de un directivo seguro de sí mismo para que te ayuden a convertirte en un líder influyente.

1. Haz una lista de todos tus logros, de todo lo que has hecho y de lo que estás orgulloso. Date tiempo. Empieza por tu juventud. Probablemente descubrirás que has olvidado una buena parte de tus éxitos.

Cada vez que te sorprendas a ti mismo pensando: "Oh, bueno, eso no es un gran logro", aparta esta idea de tu mente y anótala a pesar de todo. Una vez que hayas completado la lista, repásala lentamente. A medida que analices cada elemento, expresa tu gratitud y explica por qué estás encantado con él. Esto debe hacerse para cada éxito, sin excepción.

2. A continuación, elabore una lista de sus conocimientos y habilidades. Vuelve a incluirlo todo.

La lista será bastante más larga de lo que habías previsto.

3. Por último, elabore una lista con sus rasgos y características más entrañables. No intentar la modestia!

4. Una vez que hayas completado las tres listas, repite para ti mismo "En muchos aspectos, soy un fuerte candidato al liderazgo. He aprendido y logrado mucho en mi vida. Soy capaz de prácticamente todo lo que me propongo". Cada día, repite estas frases tres veces.

Es fácil perder de vista tu potencial. Las tres listas proporcionan un examen exhaustivo de tus verdaderos talentos. Crea las tres y tenlas a mano para usarlas en el futuro.

Ya te has ganado el derecho a ser seguro de ti mismo y fuerte para liderar. Reconocer tus habilidades y logros es análogo a depositar dinero en un banco. No te interesará si desvalorizas los aspectos positivos de la vida o te descuidas en darte crédito.

Espera grandes cosas de ti mismo, y descubrirás que conseguirlas es más fácil.

CAPÍTULO 8

Pasos significativos hacia la autoconfianza.

Lo admitas o no, seguro que has pasado por un periodo de confusión emocional que casi destruye tu confianza en ti mismo. Lo que te diferencia del resto es cómo manejaste y gestionaste la circunstancia en ese momento.

Si saliste ileso del solitario escenario, lo hiciste bien. Sin embargo, si estuviste entre los muchos que no pudieron recuperarse de tal experiencia, tu autoestima puede haber quedado destrozada.

¿Qué implica esto? Esto sugiere que tu fe en tus talentos ha recibido un golpe importante. Puede que hayas sentido que eres incapaz de hacer nada y que cualquier esfuerzo sería inútil.

Entonces, ¿cómo puede superar esta desconcertante situación?

¿Cómo puede convencerse de que todavía tiene una oportunidad en la vida y el potencial de influir en el cambio?

La buena noticia es que existen estrategias para aumentar la confianza en uno mismo. Puede llevar un tiempo, pero ayudará a desarrollar la imagen de uno mismo. La autoestima no se desarrolla de la noche a la mañana; requiere tiempo, dedicación y determinación.

Para desarrollar la autoestima, primero hay que reconocerse como dueño de la propia vida y hacer el voto secreto de tomar cada momento como una oportunidad para mejorar.

Sigue las tres etapas importantes para desarrollar la confianza en ti mismo y determinar tu verdadera valía.

Paso 1: Adoptar la mentalidad correcta. ¿Sabes lo que se siente cuando te asignan una tarea pero no puedes hacerla a pesar de tus esfuerzos? Es angustioso e irritante, sobre todo cuando sabes que estás dedicando todo tu tiempo y talento al esfuerzo. El problema puede deberse a que no tienes la mentalidad adecuada antes de empezar la tarea.

Lo mismo ocurre cuando se trata de desarrollar su autoestima. Antes de empezar a aplicar las numerosas tácticas o enfoques que pueden ayudarle a recuperar la confianza en sí mismo, debe prepararse mentalmente para el largo viaje.

Debe dar un paso atrás y examinar su situación con honestidad -donde se encuentra y adonde quiere ir- y luego crear objetivos realistas y comprometerse a cumplirlos.

Considere los siguientes cinco puntos para ayudarle a desarrollar la mentalidad adecuada:

Haz una lista de tus diez logros significativos. Al confeccionar esta lista, te estás recordando los logros que has conseguido mientras tu confianza no se ha roto. La lista puede contener algo tan sencillo como aprobar un examen para obtener el permiso de conducir o contribuir a las operaciones de ayuda de la comunidad. Debería tener una copia de esta lista a mano para revisarla de vez en cuando.

Destaca tus puntos fuertes. Puedes llevar a cabo esta actividad preguntando a tus amigos cercanos sobre su percepción de tus puntos fuertes y tus defectos. Si eres consciente de ellos, podrás afrontar mejor las oportunidades y amenazas que se te presenten.

Establece objetivos razonables. Tus objetivos deben ser realistas y estar dentro de tus posibilidades. Apunte a algo que esté dentro de sus posibilidades. Esto es posible una vez que haya establecido su confianza en sus capacidades.

Controle su mente. Llegados a este punto, debe ser capaz de apartar su mente de los pensamientos negativos que puedan minar su confianza. Debes desarrollar la capacidad de ignorar la negatividad y centrarte en lo positivo.

Paso 1: Haga una proclamación pública de su compromiso. Esto es crucial: debe hacer una promesa sincera de llevar a cabo el proceso de principio a fin.

Paso 2: Inicie el procedimiento. Una vez que haya establecido la mentalidad adecuada, estará listo para dar el primer paso y comenzar el proceso. Es crucial recordar que puedes empezar con pequeños pasos y no debes sentirte desanimado. Una vez que haya recuperado la confianza en sí mismo, podrá asumir más retos de los que cree que sus capacidades son capaces de manejar.

Paso 3. Acepte todos los obstáculos. Con este enfoque, podrá aumentar gradualmente su autoestima, independientemente de lo insignificantes que parezcan los resultados.

Con estos triunfos menores en su haber, podrá posicionarse para aceptar retos más significativos. Cuando aceptas dificultades nuevas y más significativas, comunicas eficazmente que posees el talento y la confianza para superarlas.

La confianza se deriva del autodominio. Adoptando los comportamientos adecuados, puedes reforzar tu autoestima, y tener una autoestima sana afecta directamente a tu vida y a todo lo que deseas hacer.

CONCLUSIÓN.

Los directivos con confianza en sí mismos tienen una extraña capacidad para atraer a los demás hacia sí. Se ha comprobado que los subordinados funcionan eficazmente bajo la dirección de personas que toman decisiones con confianza.

Sin este atributo, el sistema interno de cualquier empresa se deteriora y los empleados empiezan a cuestionar la gestión. Como resultado, se fomenta la rivalidad en el lugar de trabajo y se pierde un valioso recurso humano.

Se supone que un individuo con confianza en sí mismo sabe de todo. Esta afirmación no es exacta. Porque los líderes seguros de sí mismos impulsan a la gente, inspiran a los empleados a sobresalir, ya que su fuerza ayuda a los demás a conseguir logros.

Se afirma que la confianza no puede desarrollarse de la noche a la mañana. Sin embargo, esto no significa que no haya posibilidad de mejorarla. Es un proceso gradual de educación que comienza con el cambio de mentalidad y la obtención de una nueva perspectiva de la vida.

Reconozca sus logros como primer paso. Concéntrate en tus logros profesionales hasta la fecha en lugar de obsesionarte con los fracasos del pasado. La obsesión le hará infeliz.

No hay nada malo en darse de vez en cuando una palmadita en la espalda. Ayuda a desarrollar la autoestima. Nunca te subestimes a ti mismo ni al esfuerzo que te ha costado llegar a este punto.

La segunda etapa consiste en evaluar tus puntos fuertes. ¿En qué aspectos de tu vida personal y profesional brillas? Naturalmente, siempre hay una oportunidad de mejora. Sin embargo, concentrarte en tus defectos tampoco mejorará las cosas.

Tu vida debe centrarse en tus puntos fuertes. Empieza a creer en ti mismo. Deja que las pequeñas frustraciones y decepciones del día superen a todos tus éxitos espectaculares.

Piensa en tus planes. ¿Qué te imaginas haciendo en los próximos cinco años?

¿Qué necesita hacer y cómo llegar hasta allí?

Adquiera la capacidad de controlarlo. Mark Victor Hansen afirmó: "Espere a que todo sea perfecto antes de proceder. Nunca estará libre de defectos. Siempre habrá barreras, dificultades y condiciones menos que ideales.

¿Qué sentido tiene? Empiece inmediatamente. Con cada paso, te harás más fuerte, más hábil, más seguro y más exitoso."

Habilidades directivas para directivos

1. Gestión del tiempo para directivos

2. Coaching de empleados para directivos

3. Creación de equipos para directivos

4. Confianza en sí mismo para directivos

5. Habilidades de negociación para directivos

6. Habilidades de atención al cliente para directivos

7. Próximamente

www.ingramcontent.com/pod-product-compliance
Lightning Source LLC
Chambersburg PA
CBHW070124230526
45472CB00004B/1415